Laurent Tailhade

Vitraux

PARIS

ALPHONSE LEMERRE, ÉDITEUR

23-31, PASSAGE CHOISEUL, 23-31

—

M DCCC XCIV

Vitraux

Tous droits réservés

INTROÏT

Sur champ d'or, en les vieux tableaux,
Ouvrant ses yeux couleur des flots
Et plus svelte que les bouleaux,

La Vierge cause ingénument
Avec le Séraphin charmant
Advenu du haut firmament.

*Les calcédoines, les rubis
Passementent ses longs habits
De moire antique et de tabis.*

*Ses cheveux souples d'ambre vert
Glissent comme un rayon d'hiver
Sur sa cotte de menu-vair.*

*Oh! ses doigts frêles et le pur
Mystère de ses yeux d'azur
Éblouis du pardon futur!*

*Tremblante, elle reçoit l'Ave
Par qui le front sera lavé
De l'antique Adam réprouvé :*

*« Empérière au bleu pennon,
Sur le sistre et le tympanon,
Les cieux exaltent ton renom.*

*« Toi de Jessé royal provin,
Pain mystique, pain sans levain,
Font scellé de l'Amour divin!*

« *Toison de Gédéon! Cristal*
Dont le Soleil oriental
N'adombre pas le feu natal!

« *Ave Gracia! Que ta main*
Cueille, pour l'ineffable hymen,
Les lis fleuris du bon chemin.

« *Et que sur ton front adoré*
Soit un diadème instauré
De métal richement ouvré.

« *Le nard exhale son odeur :*
Reine de Joie et de Candeur,
Suis l'Époux vêtu de splendeur.

« *Foule aux pieds le Dragon pervers,*
Maîtresse des Paradis clairs,
Ceinte de roses et d'éclairs! »

Ainsi, le chœur des Angelots
Chante, nimbé de fins halos,
Sur fond d'or, en les vieux tableaux.

*Et, d'âge en âges emporté,
Leur psaume de gloire a fêté
Le los de la virginité.*

*Blanche, ô très blanche ! Et c'est pourquoi
Je veux, artiste plein de foi,
Vous peindre en corselets d'orfroi :*

*Pareille, emmi les hosanna,
Aux madones que blasonna
L'imagier du ciel, Mantegna.*

*Des fleurs d'onyx et de portor
Sur le retable squamé d'or
Épanouiront leur trésor.*

*Pour vous, les beaux hymnes latins
Ingémiront, soirs et matins,
Graves, près des flambeaux éteints.*

*Pour vous, mes vers, matins et soirs,
Dans la nef aux mornes voussoirs
Balanceront des encensoirs.*

HORTUS CONCLUSUS

> *Quin obsequentes offerunt*
> *Ligustra et alba lilia.*
> *Candor sed horum vincitur*
> *Candore castis pectoris.*
>
> Hymnus in fest. Puritatis.

Vierge, vous rayonnez comme une aube irrorée,
Sous la molle clarté des lampes de vermeil,
Et, vous enveloppant de leur onde dorée,
Vos longs cheveux vous font un manteau de soleil.

Tel qu'un parfum de myrrhe autour d'un sanctuaire,
De vos blanches beautés jaillit un charme amer
Et sur les cœurs meurtris, comme un électuaire,
Vous posez la douceur de vos yeux d'outremer.

De l'oliban gardé pour les Noces mystiques,
Du cinname épandu sur d'ineffables lits,
Du nard dont s'enivrait l'Épouse des Cantiques,
Flottent sur votre front les baumes affaiblis.

Aux divines amours votre âme réservée
Des terrestres baisers ignore la douceur.
Dans les sources du Ciel votre chair s'est lavée
Et les lis radieux vous proclament leur sœur.

Loin des transports menteurs dont l'ivresse nous fraude,
Vous surgissez au fond des cieux resplendissants,
Parmi les ostensoirs incrustés d'émeraude
Et les cierges pascals tachés de grains d'encens.

Sous le brocart rigide et lourd de pierreries,
Vos bras pour la prière entr'ouverts lentement,
Dans le cadre léger des ogives fleuries,
Se tendent en un geste indécis et charmant.

Et, calme, en attendant le dieu promis, sans trêve,
Morte pour le désir avant d'avoir aimé,
Sur les vitraux dorés vous lisez votre rêve
Et votre cœur s'endort comme un Jardin fermé.

SONNET LITURGIQUE

Dans le nimbe ajouré des vierges byzantines,
    Sous l'auréole et la chasuble de drap d'or
Où s'irisent les clairs saphirs des Labrador,
Je veux emprisonner vos grâces enfantines.

Vases myrrhins ! trépieds de Cumes ou d'Endor !
Maître-autel qu'ont fleuri les roses de matines !
Coupe lustrale des ivresses libertines,
Vos yeux sont un ciel calme où le désir s'endort.

Des lis! des lis! des lis! Oh! pâleurs inhumaines!
Lin des étoles! chœur des froids catéchumènes!
Inviolable hostie offerte à nos espoirs!

Mon amour devant toi se prosterne et t'admire,
Et s'exhale, avec la vapeur des encensoirs,
Dans un parfum de nard, de cinname et de myrrhe!

> *Solve vincla! fuge lemur!*
> *Amore nunc foveamur:*
> *Per te, virgo, virginemur.*
>
> L. T.

REPOSE-TOI, mon cœur, après la tâche faite
Et, sachant les douleurs dont tu voulus mourir,
Goûte le miel d'après-midi que va t'offrir
Celle de qui les yeux sont ta dernière fête.

Repais-toi de l'or clair où dorment ses cheveux
Et de sa voix où chante une lyre suprême;
Voici l'amour et le pardon! Reçois le chrême
Pacifiant de ses angéliques aveux.

Que t'importe l'orgueil saignant par vingt blessures
Et hurlant comme un loup tombé sous les épieux,
Si tu la vois enfin, l'amante aux bras pieux
T'offrant le renouveau de ses tendresses sûres !

Que t'importe l'hiver, sinistre compagnon
De la tristesse indéfectible qui te navre !
N'est-elle pas la verte Atlantide et le havre
Où tu reconnaitras le pays de Mignon ?

Les passions et les dégoûts mènent leurs courses.
Que t'importe, mon cœur, ce banal évohé !
Tu sais qu'elle est pareille aux fonts de Siloë
Qui changeaient en douceur l'amertume des sources.

Tu sais qu'elle a gardé l'inaltérable espoir
De ta jeunesse, et sa ferveur, et qu'autour d'elle
S'épanouit l'éclat d'un automne fidèle
Et nage le parfum alangui d'un beau soir.

TRISTESSE AU JARDIN

Le doux rêve que tu nias
Je l'ai su retrouver parmi
Les lis et les pétunias,
Fleurs de mon automne accalmi.

*Mon rêve, par les allées,
Cueille des branches d'azalées.*

La vigne pourpre aux raisins bleus
Festonne les murs du jardin
Où niche maint oiseau frileux
Sous le feuillage incarnadin.

Mon rêve, par les allées,
Cueille des branches d'azalées.

Dans le bassin qu'elle verdit
L'eau pleure inconsolablement
Et, mélancolique, redit
Les mots trompeurs de ton serment.

Mon rêve, par les allées,
Cueille des branches d'azalées.

Automne! Deuil précoce et doux!
Sous le ciel aux feux apaisés,
Les languissantes roses d'août
Gardent l'odeur de tes baisers.

Voici que, par les allées,
Meurent les blanches azalées.

SONNET

Comme un moine amoureux de la sainte qu'il prie,
Je t'ai fait un autel en mon cœur attristé,
Où, parmi les encens, resplendit ta beauté,
Sous un dais de lampas chargé d'orfèvrerie.

Madone ! j'ai cueilli les fleurs de mon été,
Lis fauves du désir, roses d'idolâtrie,
Et leur haleine fugitive se marie
Aux stériles parfums de ta virginité.

Ainsi ton front nimbé de flammes et de gloires,
Ainsi tes yeux stellés d'escarboucles et d'or
Resplendissent, pareils aux gemmes des ciboires.

L'orgue éploré dans la chapelle vibre encor,
Et, pieusement, vers tes paupières baissées
Montent le pur Amour et les bonnes Pensées.

ORANTE

> *Tu, perfusa cœli rore,*
> *Castitatis salvo flore,*
> *Novum florem, novo more,*
> *Protulisti sæculo.*
>
> ADAM DE SAINT-VICTOR.

Fête-Dieu ! rêves blancs pavoisés d'églantines !

J'ai choisi, pour l'aimer d'une amour enfantine,
Sur l'icône enfumé peint aux quatre couleurs,
Un barbare portrait de sainte byzantine.

Cécile ou Philothée ou Julienne. Leurs
Doux noms conjoints par la tendresse des ménées,
Rayonnent, lis égaux sur un autel en fleurs.

Afin que soient les âmes tristes pardonnées,
La Sainte, aux yeux plus purs que l'onde et que le soir,
Croise dévotement ses mains prédestinées,

Ses belles mains qui n'ont touché que l'encensoir
Et l'unique froment réservé pour l'hostie,
Et les nappes de lin où l'Agneau vient s'asseoir.

Limpide, avec l'immarcessible eucharistie
Du pâle front auréolé de cuivre bleu,
Sa chair porte le scel de la gloire impartie.

Ainsi dans la vapeur des baumes, et le jeu
Des orgues, et le chant des vieux antiphonaires,
Elle écoute l'appel ineffable d'un dieu.

Et l'orgue déroulant sa plainte et ses tonnerres
La caresse de mots enamourés ; le chœur
Des hymnodes lui dit les proses centenaires.

Car son âme ingénue et forte, son doux cœur
De neige, comme un vol béni de tourterelles,
Ont fui ce monde impur où le Deuil est vainqueur.

Lieu de péché ! lieu de remords ! lieu de querelles !
Du plus haut ciel le Fils unique est descendu
(Les anges accordaient leurs voix hautes et grêles) :

Et, cueillant ce trésor pour le siècle perdu,
Rose mystique, fleur de l'humaine vallée,
Le Fiancé, l'Amant sans relâche attendu

A couvert d'un baiser sa lèvre inviolée.

MENUET D'AUTOMNE

Les asters et les véroniques, — de leurs corolles sans parfums, — laissent tomber sur les parterre — où d'autres fleurs ne s'ouvrent plus — la tristesse mystique et lente des adieux.

Mauve tendre et vert alangui, — leurs teintes vagues s'harmonisent — aux ciels lavés du prime automne, — à la souriante langueur — des beaux jours près de s'envoler.

Bouquets de souvenir et non bouquets de deuil, — l'or violent des chrysanthèmes, — le sang pourpré des dahlias, — n'altèrent point leur éclat doux.

En mineur, d'une voix éteinte — et sur un mode atténué, — les asters et les véroniques, — au vent fraîchi qui les caresse, — marmonnent des refrains d'adieux.

C'est la saison prestigieuse — où les arbres portent des feuilles — de topazes et de rubis, — où la grive crie à travers — les pampres fauves adornés — de rutilante orfèvrerie.

En ses corbeilles débordantes, — Octobre entasse à pleines mains — les présents des chasseurs et ceux des vignerons.

Sous les courtines jaune pâle — de leurs ultimes floraisons, — en un dernier baiser, les roses — solennisent leurs noces d'or.

La terre se pâme, enivrée, — et célèbre une fête encore — avant d'entrer dans le silence — et la paix noire de l'hiver.

Demain, les martinets frileux — avec les feuilles arrachées — s'envoleront à tire-d'aile; — demain, les bises hiémales — sangloteront parmi les bois...

Mauve tendre et vert alangui, — sur les plates-bandes fanées, — les asters et les véroniques — chantent, mezzo voce, la chanson des adieux.

VITRAIL

A José-Maria de Heredia

Un crépuscule d'or baigne le sanctuaire.

Dans la nef où s'inscrit l'orgueil obituaire
Des châsses, les prélats d'ivoire et de granit
Joignent leurs mains que fit un dévot statuaire.

Tenant la crosse avec le *sigillum* bénit,
Les Anges éplorés se voilent de leurs ailes
Près des enfeus royaux dont l'albâtre jaunit.

Sur des coussins de marbre noir, les damoiselles
S'agenouillent, un long rosaire entre leurs doigts,
Blondes, parmi les lis, Amour, que tu cisèles :

Ce pendant que, le front cerné d'amicts étroits
Et susurrant une oraison mélancolique,
Des moines sont pâmés à l'ombre de la Croix.

Un soir de flamme et d'or hante la basilique,
Ravivant les émaux ternis et les couleurs
Ancestrales de l'édifice catholique.

Et soudain — cuivre, azur, pourpre chère aux douleurs —
Le vitrail que nul art terrestre ne profane
Jette sur le parvis d'incandescentes fleurs.

Car l'ensoleillement du coucher diaphane
Dans l'ogive où s'exalte un merveilleux concept
Intègre des lueurs d'ambre et de cymophane.

Les douze Apôtres, les cinq Prophètes, les sept
Sages appuyés sur les Vertus cardinales
Se profilent en la rosace du transept.

Améthystes ! Béryls ! Sardoines ! Virginales
Émeraudes au front chenu des Confesseurs
Montrant le Livre où sont inscrites leurs annales.

Les Martyrs en surplis d'écarlate, les sœurs
Marthe et Marie aux pieds du Maître qui s'incline
Et le vol blanc des Séraphins intercesseurs.

Bernard dans les vallons, Benoit sur la colline ;
Les Sibylles qu'Arnaud de Moles attesta
Près du Roi Christ féru du coup de javeline.

Et plus haut — en plein ciel — un chœur d'enfants porte à
Notre-Dame, sur le vélin des banderoles,
Ces mots d'amour : « *Ave, felix cœli Porta !* »

Telle, incarnant aux yeux les divines paroles,
Chaque verrière dans l'or mystique reluit,
Comme un jardin semé d'aveuglantes corolles.

Mais l'ombre gagne et le vain prestige s'enfuit
Et les arceaux quittés n'ont plus de fleurs écloses
Pour les répandre sur la robe de la Nuit :

La sacrilège Nuit par qui meurent les Roses.

TERCETS
POUR PRIER NOTRE-DAME

LITURGIE CATHOLIQUE

Mutans Hevæ nomen.

Salut, étoile de la mer,
    Perle unique du gouffre amer,
Blanche sous le flot d'outremer.

Salut, tour de David, hostie,
    Porte d'or et d'argent sertie,
D'où toute lumière est sortie.

Rose immortelle du Ciel bleu,
Encensoir plein d'un chaste feu,
Salut à toi, Mère de Dieu !

*
* *

O douce ! O clémente ! O soëve !
Par toi fut changé le nom d'Hève :
Qu'à tes pieds notre mal s'achève !

Dame très pure, montre-toi
Notre mère et que l'humble foi
Trouve grâce auprès du Christ Roi.

Fais qu'il reçoive la prière
Des pécheurs ! Rends-nous la lumière,
Vierge, et l'innocence première.

SENESCENT MOON

Fleurs des eaux ! Souvenir des bénignes pensées !
 Voici que j'ai revu l'étang silencieux,
Immuable linceul des mortes fiancées.

Stagnante sous le deuil des ajoncs soucieux,
 La nappe se déroule au penchant des marnières
Où des chariots lents s'enlizent les essieux.

Les rainettes et les mulots dans leurs tanières
Dorment au bercement du très vague roulis
Qu'impriment aux flots les haleines printanières.

Sur la brande où, le soir, valsent les lorelys,
L'ombre s'étend. Nulle clameur. Plus de murmures,
Sinon, dans les roseaux, la plainte des courlis.

C'est l'heure où, délaissant les secrètes ramures,
Et la grotte aux arceaux de lierre et de houblons,
Les mantes aux buissons viennent cueillir des mûres.

En robe blanche, par les prés et les vallons,
Elles descendent vers le marais fatidique
Et, sur les bords fleuris, peignent leurs cheveux longs.

Court mirage! Soudain, la vision pudique
S'évanouit, pareille aux feux follets trompeurs,
Et déserte l'étang qu'une lueur indique.

Dispensatrice des merveilleuses torpeurs,
Tu montes, bleuissant la colline et la sente,
Dans l'azur étamé de confuses vapeurs,

Lune du doux Shakspeare, ô lune sénescente!

BALLADE SUR LA LOUANGE

DU MOIS D'AOUT

CETTUY matin, casqué de feu vermeil
Et secouant sa chevelure blonde,
Au ciel d'azur triomphe le Soleil.
Archer béni qui perce et qui féconde,
Le jeune dieu vainqueur de l'Ombre immonde
Épanouit les lis au pur contour,
Les dahlias fauves couleur du jour,
Avec la rose amène d'Aphrodite.

Or, pour mieux faire au Soleil notre cour,
Fleurissons-nous d'un brin de clématite !

Dame très pure en benoît appareil,
Près du Lion étincelant qui gronde,
Sous un chapeau de nacre et de vermeil,
L'unique Étoile où notre espoir se fonde
Penche vers nous sa beauté sans seconde.
Psaltérions, sambuques et tambour !
Un Ange blanc, radieux troubadour,
Aux quatre vents de l'Aurore accrédite
La Maison d'or et l'éburnale Tour.
Fleurissons-nous d'un brin de clématite !

Sur le galet qu'empourpre son orteil,
Vénus jaillit de la houle profonde.
Les cygnes blancs amoureux du sommeil
Et les chevaux tempétueux de l'onde
Suivent la Reine adorable du monde.
Cherchons au loin une caverne pour
Briser ses lacs et que gémisse autour
Un pleur tombant de chaque stalactite :
Voici la mer plus vaste que l'Amour !
Fleurissons-nous d'un brin de clématite !

ENVOI

Princesse, honneur aimé de ce séjour,
Cuidant, hélas! vous fêter à mon tour,
Je fis ces vers (l'audace n'est petite!).
A vous liesse et bonheurs sans retour :
Fleurissons-nous d'un brin de clématite!

LE BLASON DE FLORE

To Mary in heaven

> *Dic quibus in terris inscripti nomina regum*
> *Nascantur flores.*
> VIRGILE.

C'est un jardin orné pour les métamorphoses
Où Benserade apprend ses rondeaux aux Follets,
Où Puck avec Trilby, près des lacs violets,
Débitent des fadeurs, en d'adorables poses.

La lune qui descend, le long des promenoirs,
Sur les blancs escaliers traine ses mules blanches
Et ses rayons légers palpitent dans les branches
Comme des sequins d'or parmi des cheveux noirs.

Les Nymphes de Segrais aux Elfes de Shakspeare
Chantent des madrigaux scandés par les hautbois :
Ariel y poursuit Rosine, à travers bois,
Et pour le beau Damis Titania soupire.

C'est une nuit d'été faite d'enchantements,
Dans un jardin très calme et peuplé de fontaines,
Qu'emplissent de lueurs folâtres et hautaines
Les feux des yeux unis aux feux des diamants.

Parc de Watteau. — Les fastueuses plates-bandes,
Autour des boulingrins, s'enlacent, décrivant
L'horizon à souhaits d'un parterre savant
Qu'ont les Fleurs égayé d'illustres sarabandes.

Ce sont les nobles Fleurs d'un Versailles fleuri.
Toutes sauraient prouver des quartiers de duchesse
Et, pour l'éclat du rang comme pour la richesse,
D'Hozier à leurs blasons pourrait donner abri.

Or l'esprit délecté de ce rêve héraldique
Retrouve dans leur port, calices et parfums,
Le simulacre vu des Olympes défunts
Et la grandesse unie au charme fatidique.

Des champs d'azur le Lis très-chrétien émergeant
Est un preux chevalier vêtu de courtoisie ;
La Princesse d'amour que ses vœux ont choisie
Porte un manteau d'hermine aux agrafes d'argent.

Dans sa robe de cour aux teintes précieuses,
Comme aux jours de Fontange et de la Maintenon,
La Tulipe ducale emplit de son renom
Les pourpris qu'attrista le deuil des Scabieuses.

Les Roses, sous la pourpre auguste, dans les nuits,
Ont l'amer nonchaloir des reines trop aimées,
Et la lune qui boit leurs larmes embaumées
D'un baiser de blancheur caresse leurs ennuis.

Gloire du souvenir extatique, Pensées
Funéraires, le Deuil trône dans vos plis lourds,
Et dans l'emphase épiscopale des velours
Que blasonne l'émail de nos croix florencées.

Quintefeuille ! mystique emblème voulu par
Les trouvères aux cantilènes suppliantes,
Votre candeur a fait pâlir ces Hélianthes
Que dore un Astre-Roi « *nec pluribus impar* ».

Puis d'autres floraisons qu'Amour seul fit éclore
Et dont les yeux charnels ignorent la beauté
S'ouvrent au paradis merveilleux qu'ont chanté
Le divin Sannazar et Joachim de Flore.

Leur hampe svelte grimpe aux marges des vitraux,
Près des bons Empereurs gemmés de pierreries,
Des Saints agenouillés dans l'herbe des prairies,
Des Séraphins cambrant leurs torses de héros.

Celles-là — chastement rigides — sont pareilles
Aux Saintes dont le cloître a ravi la splendeur,
Et l'encens maladif leur prêta son odeur
Loin du jaune soleil qui danse sur les treilles.

Pour soutenir le heaume et porter les émaux,
Rampent en légion les Herbes monstrueuses
Suscitant, à l'envi des formes tortueuses,
Une âpre vision de sombres animaux.

Verdâtres, de poisons mystérieux ridées,
Avec l'enroulement des dragons noirs et bleus,
Onglés d'or, lampassés de gueules, fabuleux,
S'épanouissent les farouches Orchidées.

Ainsi, divinisant la forme et les couleurs
Et revêtant d'orgueil les tiges parfumées,
Se déroule, au milieu d'ondoyantes fumées,
Dans un parc de Watteau, le Walpurgis des Fleurs.

Elles passent, jetant des senteurs musicales,
Des effluves charmeurs qu'on prendrait pour des sons
Et mariant, parmi l'ampleur des écussons,
A l'azur des Bleuets l'or des Hémérocalles.

Et toutes, au milieu de leur faste exalté,
Buvant l'amour éclos au temps du primevère,
Comme un cortège autour du Prince qu'on révère
Mènent pompeusement les fêtes de l'Été.

PROSPERO'S ISLAND

L'ame des fleurs lente et subtile
S'exhale sous la lune pâle,
Dans le parc bleuâtre où rutile
La rosée en gouttes d'opale.

Sur l'eau des vasques séculaires,
Les nénufars semblent des jonques
Où la Willis, par les nuits claires,
Chante au soupir voilé des conques.

Au temps où la Fée amoureuse
S'en vient en la nappe dormante
Baigner ses flancs de tubéreuse
A travers les bouquets de menthe.

C'est le jardin des songes mièvres
Assoupis au vol des phalènes ;
C'est le jardin où, sur les lèvres,
Passe comme un frisson d'haleines.

Et quand les harpes du silence
Ont mis d'accord tous leurs murmures,
Immatérielle, s'élance
Une voix d'or, sous les ramures.

Aveux d'amours inavouées,
Lamento des Lyres, paresses
Des chevelures dénouées ;
Torpeur divine des caresses ;

La voix, la voix d'or qui s'élève
Suscite, ainsi qu'un Zodiaque,
Sur le décor fané du rêve
L'image paradisiaque,

Dans le bleu des tonnelles rases,
Pelouses qu'ennoblit l'acanthe,
Et sur vos fraîches chrysoprases
Glisse l'intangible bacchante.

Voici fleurir, fleurir des roses
Vertes, noires, couleur de flammes,
Pour assoupir nos cœurs moroses,
Pour dorloter nos pauvres âmes.

Et des roses ensorcelées,
Captieuses, meurt la fragrance :
L'on dirait, au fond des allées,
Un musc lointain, exquis et rance.

Le vin d'amour, l'or et le jade,
Et la gloire, et la fleur du saule
Durent si peu ! Le vent maussade
Sur les tombes grises miaule,

Mais les bonnes chansons demeurent,
Et clémentes sont les tempêtes
Aux saintes Roses qui ne meurent
Jamais sur le front des poètes.

LES FLEURS D'OPHÉLIE

A Stéphane Mallarmé

> *Sweets to the sweet...*
> *And from her fair and unpolluted flesh*
> *May violets spring!...*

Fleurs sur fleur ! fleurs d'été, fleurs de printemps ! fleurs b
De novembre épanchant la rancœur des adieux
Et, dans les joncs tressés, les fauves chrysanthèmes ;

Les lotus réservés pour la table des dieux ;
Les lis hautains, parmi les touffes d'amarantes,
Dressant avec orgueil leurs thyrses radieux ;

Les roses de Noël aux pâleurs transparentes,
Et puis toutes les fleurs éprises des tombeaux,
Violettes des morts, fougères odorantes,

Asphodèles, soleils héraldiques et beaux,
Mandragores criant d'une voix surhumaine
Au pied des gibets noirs que hantent les corbeaux.

Fleurs sur fleur! Effeuillez des fleurs! Que l'on promène
Des encensoirs fleuris sur le tertre où, là-bas,
Dort Ophélie avec Rowena de Tremaine.

Amour! Amour! et sur leurs fronts que tu courbas
Fais ruisseler la pourpre extatique des roses,
Pareille au sang joyeux versé dans les combats.

Jadis elles chantaient, vierges aux blondeurs roses,
Les Amantes des jours qui ne renaîtront plus,
Sous leurs habits tissus d'ors fins et d'argyroses.

O lointaine douceur des printemps révolus!
Épanouissement auroral des Idées!
Porte du ciel offerte aux lèvres des élus!

Les vierges à présent, mortes ou possédées,
Sont loin ! bien loin ! L'espoir est tombé de nos cœurs,
Telles d'un arbre mort les branches émondées.

Et l'Ombre, et les Regrets, et l'Oubli sont vainqueurs.

*
* *

A travers les iris et les joncs, Ophélie
Abandonne son âme aux murmures berceurs
Du fleuve seul témoin de sa mélancolie.

Et voici qu'au fond des verdâtres épaisseurs
Tintent confusément des harpes cristallines
Attirantes avec leurs rythmes obsesseurs.

L'or diffus du soleil empourpre les collines
Par delà le château d'Elseneur et les tours
Qu'assombrissent déjà les ténèbres félines.

La Nuit féline dans sa robe de velours
Berce les eaux, les vals profonds et les ciels mornes
Et des saules noueux estompe les contours.

Et les nuages roux du ponant sont des mornes
Où grimpent, lance au poing, d'atroces cavaliers
Éperonnant le vol furieux des licornes.

Or la Dame qui rêve aux serments oubliés
Marmonne un virelai très ancien. La démence
Élargit sur son front les deuils multipliés.

Fleurs sur fleur! Des sanglots éteignent sa romance,
Tandis que, les cheveux couronnés de jasmin,
Elle s'incline vers les joncs du fleuve immense.

Les Nixes près du bord lui montrent le chemin,
Et, calme, au fil de l'onde en les glauques prairies,
Elle descend avec des bleuets dans la main.

Les fleurs palustres sur ses paupières meurtries
Poseront le dictame adoré du sommeil,
Dans des jardins de nacre au sol de pierreries.

Sous les porches d’azur où jamais le soleil
Ne dore des galets la candeur ivoirine,
Sous les nymphéas blancs teintés de sang vermeil,

Ophélie a fermé ses yeux d’aigue-marine.

BALLADE SURANNÉE
DE
LA CONSOLATION AUTOMNALE

Tu le connais, ô toi qui fus ma mie,
  Ce parc hautain jonché de feuilles d'or,
Où du couchant la lueur accalmie
Incendiait les arbres en décor,
Et les appels nostalgiques du cor,
Et tout le soir d'octobre, et les feux roses
Parmi la Seine aux lointains gracieux,
Et ces parfums de mousses, et les choses

D'autrefois qui montaient dans nos adieux.
La Belle a dit : « Ne pleurez pas les roses. »

Rose de Mai qu'a l'automne blêmie,
Où respirer tes effluves encor ?
Luths, violons, musette et chalemie
Sous les pins noirs ont cessé leur accord.
Lambrusque pend au souffle aigu du nord.
Comme un Géronte imbécile tu causes,
Vieil aquilon, par le bois spacieux,
Et, déchaînant les Hyades moroses,
Un lourd brouillard se traîne dans les cieux.
La Belle a dit : « Ne pleurez pas les roses. »

Le Temps déjà, furieuse Lamie,
Des cœurs aimants ruine le trésor,
Sans épargner beauté ni preud'homie.
Cassandre vient qui remplace Lindor.
Adieu les jours fervents de Thermidor !
Adieu Lignons, Cythères et Formoses !
Vendange est faite aux ceps délicieux.
Le Souvenir bougonne quelques gloses
Et peint d'azur ses frêles camaïeux.
La Belle a dit : « Ne pleurez pas les roses. »

ENVOI

Prince d'amour, quand, leurs pennes décloses,
Stryges, corbeaux et chats-huants soyeux
Voltigeront, secouant des névroses,
Tourne-toi vers le printemps de ses yeux.
La Belle a dit : « Ne pleurez pas les roses. »

FUNEREI FLORES

A Jean Carrère

Les nostalgiques citronniers aux feuilles blêmes
S'étiolent et leurs parfums, avec ennui,
Meurent dans le jardin peuplé de chrysanthèmes.
Pour la dernière fois, le soleil tiède a lui.

Soir des morts ! Glas chargé de pleurs et d'anathèmes :
Le Souvenir s'éveille et reprend, aujourd'hui,
En sourdine, les vieux, les adorables thèmes
Des renouveaux lointains et du bonheur enfui.

Le Souvenir marmonne à voix basse. Une cloche
Funéraire, dans le ciel gris où s'effiloche
Maint lambeau d'occident fascé de pourpre et d'or.

Et c'est le crépuscule automnal des années
Que d'un encens trop vain fait resplendir encor
La mémoration des corolles fanées.

TABLE

Introït.	1
Hortus conclusus.	5
Sonnet liturgique.	7
Repose-toi, mon cœur, après la tâche faite.	9
Tristesse au Jardin.	11
Sonnet : *Comme un moine amoureux de la sainte qu'il prie.*	13
Orante.	15
Menuet d'Automne.	18
Vitrail.	20
Tercets pour prier Notre-Dame	23
Senescent Moon.	25
Ballade sur la louange du Mois d'Août	27

Le Blason de Flore. 30
Prospero's Island. 35
Les Fleurs d'Ophélie. 38
Ballade surannée de la consolation automnale. 43
Sonnet : *Funerei flores*. 46

Achevé d'imprimer

le trente mai mil huit cent quatre-vingt-quatorze

PAR

ALPHONSE LEMERRE

25, RUE DES GRANDS-AUGUSTINS, 25

A PARIS

www.ingramcontent.com/pod-product-compliance
Lightning Source LLC
LaVergne TN
LVHW022203080426
835511LV00008B/1552